科学课创客教育实战案例

路虹剑 主编

化学工业出版社

·北京·

图书在版编目（CIP）数据

科学课创客教育实战案例 / 路虹剑主编. —北京：
化学工业出版社，2019.6（2022.11重印）
ISBN 978-7-122-34197-6

Ⅰ. ①科⋯　Ⅱ. ①路⋯　Ⅲ. ①科学知识 – 小学 – 教学
参考资料　Ⅳ. ① G623. 63

中国版本图书馆 CIP 数据核字（2019）第 057559 号

责任编辑：龚　娟　　　　　　　　装帧设计：韩　飞
责任校对：张雨彤

出版发行：化学工业出版社（北京市东城区青年湖南街 13 号　邮政编码 100011）
印　　装：盛大（天津）印刷有限公司
787mm×1092mm　1/16　印张 8½　字数 100 千字　2022 年 11 月北京第 1 版第 6 次印刷

购书咨询：010-64518888　　　　　　售后服务：010-64518899
网　　址：http://www.cip.com.cn
凡购买本书，如有缺损质量问题，本社销售中心负责调换。

定　　价：39.80 元

参加编写人员名单

主　　编：路虹剑

副 主 编：刘　颖　　赵　茜　　何燕玲　　纪　宏　　徐　岩　　王　博

第一部分

编写人员：路虹剑　　刘　颖　　赵瑞霞　　孙晓萍　　吕　佳　　苏永泉
　　　　　　王　澎　　罗　炜　　路　莹　　万士林

第二部分

编写人员：路虹剑　　赵　茜　　刘　健　　刘　帅　　吕　萌　　于克寒
　　　　　　刘　佳　　曹笑尘　　王　帅

第三部分

编写人员：路虹剑　　何燕玲　　范学军　　张培华　　杨　霄　　郝子婧
　　　　　　柳　静　　陈　芸　　孟昭夏　　张建颖

第四部分

编写人员：路虹剑　　纪　宏　　齐　济　　朱　铭　　李　艺　　刘　阳
　　　　　　刘　晨　　张晶辰　　王禹天　　王　众

绘　　图：刘　颖　　陈　芸　　陈　欣　　白延平　　常晓婷　　肖　琳

前言
Preface

新一轮课程改革带给我们很多新理念和新要求：2016 年中国学生核心素养框架公布；2017 年国务院办公厅提出四个关键能力；小学科学课程增加了技术与工程领域的内容，并对科学素养提出新的要求……这不得不让从事科学教育的我们深入思考：我们要培养什么样的人？其实，无论是核心素养倡导的全面发展的人，还是在某些关键能力上具有专长的人，甚至科学课要培养的具有科学素养的人，都是能更好地在社会中生活，并且终将成为创造生活、服务社会的人。

作为创造生活的人，最关键的能力是综合实践能力、探究能力和创新能力。若想培养这几项能力，需要我们跨学科融合，开展综合性很强的实践活动课程。国内在这方面已有很多探索，且吸纳了美国的 STEM、STEAM 和创客教育的理念、模式开发了很多课程，但国家课程教育仍不容忽视。我们需要给学生一个"从学知识、学方法到培养能力再到发展素养"的路径。《创设"科学创客"教学模式，实施小学科学教学的研究》就是基于此目的开展的一种新探索。该模式实现了"从课内到课程融通再到课外应用"的过程，为让学生成为创造生活的人做出应有的努力。

本书共分为四大部分：

第一部分是"学科学"，即科学课的课内学习。该部分以达到《义务教育小学科学课程标准》中的具体要求为目的，培养学生的探究与交流能力、发展科学思维与创新能力、构建科学概念，形成科学观念、在实际应用中建立良好的科学态度与社会责任感等。此部分共有 11 个内容，是针对第三部分"用科学"挑选出的基础性内容。它们都体现出了"学以致用"的教育理念，在科学知识与生活应用间建立联系，让学生在学科学的过程中产生用科学的意识。本部分呈现出的内容、方法和过程，是北京市东城区科学课教师团队多年来的实践结晶，其中的大多数课例都曾在市级以上的舞台中展现过，并获得了一些奖项和荣誉。

第二部分是"爱科学"，即学科学之后要让学生更爱科学。这部分是生活化和趣味化的活动课程，让学生真切感受到所学知识是可以应用到生活中的，并激发其用科学的欲望。这部分共有 11 个活动，对应第一部分"学科学"的内容。每个活动会先让学生接受一份"爽玩任务"，而后就是轻松愉悦的游戏。在这个过程中，教师不给学生布置学习任务，学生经历的是一种全身心投入其中的体验。游戏结束后，教师会组织学生进行反思梳理，提升认识。应该说，本部分是对学科学内容的延伸，对应的是科学课标中的主要概念。

第三部分是"用科学"，即应用所学知识解决实际问题或开展创造性的应用活动。学生在这部分课程中，将学习如何把所学知识联系起来，掌握如何综合运用这些知识、技能和方法去解决实际问题，因此，在"生态星球"的建造上，我们并不追求其科学性有多高，因为这是基于小学生认知水平开展的探究活动。我们更愿意看到学生在这个过程中进一步发展其观察、实验等探究能力，提升其理性思维水平和情感丰富程度，最终从"建造生态星球"走向现实生活，在真实的世界里做个"小小创客"。

第四部分是"赛科学"，即开展科学运动会。科学运动会不同于科技运动会，其更重视让学生应用科学概念解决问题，即使在不具有相关概念的情况下，也能通过探究掌握现象背后的规律，并运用其解决问题。当然，在解决问题的过程中，仍然离不开技术、工程、数学等领域的知识、方法与技能。基于这些妙趣横生的活动东城区教委举办了"科学运动会"，该活动得到了教师的认可与学生的喜爱，北京电视台新闻频道也做了相关报道。

希望阅读本书的教师能够受到启发，以学生发展为本，创新我们的教育，发掘每个孩子的天赋，让他们在力所能及的情况下创造生活。也希望使用本套教材的同学们，能在学习过程中形成"用科学"的意识和方法，尝试在生活中开展不一样的活动，让生活更加绚丽多彩。

最后，感谢为项目研究和此书出版提供大力支持的北京玉砂教育科技有限公司，感谢王禹天、王众、郝梅梅、李建忠等人士的帮助。

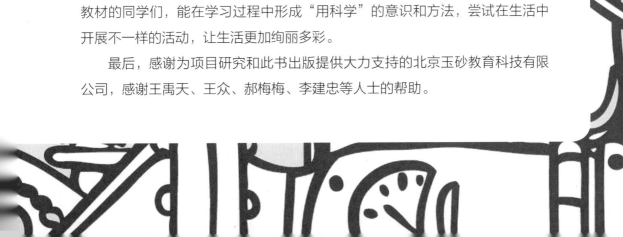

目录
Contents

03

第三部分
用科学

04

第四部分
赛科学

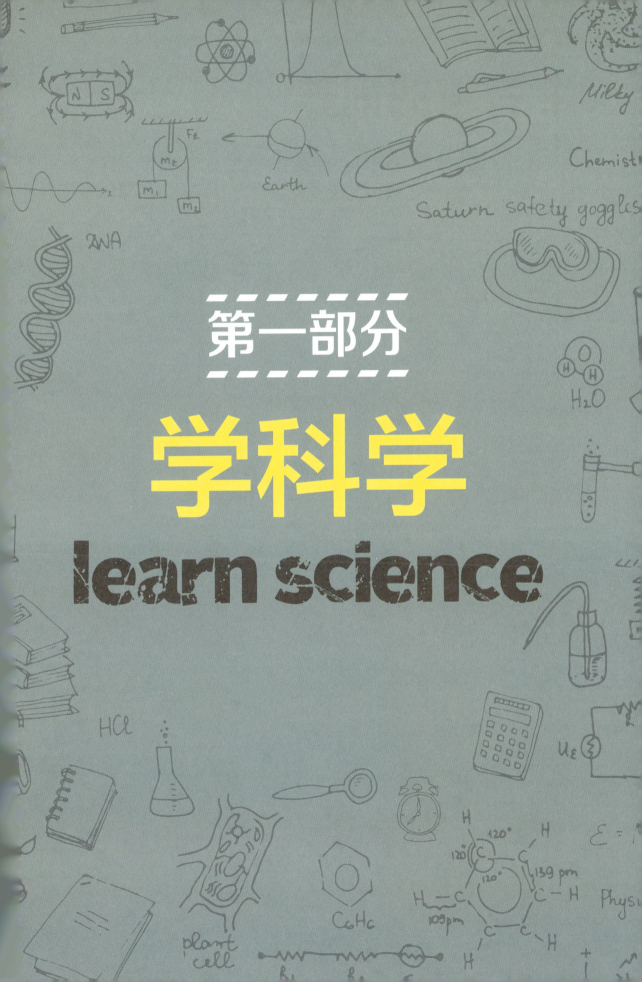

第一部分

学科学

learn science

1. 有趣的饲养

蚂蚁是生活中最常见的动物之一。它生活在哪里？它的生活都需要什么？你会如何饲养它？参照蚂蚁的生活方式你会饲养其他的动物吗？通过下面的学习，你会对饲养动物有更全面的了解。

对应课标

12.1 描述动、植物维持生命需要空气、水、温度和食物等。

所需材料

蚂蚁饲养盒、胶头滴管、小塑料盒、水、瓶盖、锥子、吸管、海绵、食物若干。

生活中的问题

观察下列三种自然环境，猜一猜哪里会有蚂蚁巢穴？

农田 ①

湿地 ②

大树 ③

蚂蚁需要水，但水太多蚂蚁会被淹死的吧？

树上的青苔绿油油的，可以成为蚂蚁的食物。

探索与研究

蚂蚁生存需要哪些条件？

 应该给蚂蚁们准备水，但是它们需要多少水呢？

我觉得蚂蚁们需要食物，要不它们一定会饿的。

我觉得还应该有空气，在全密封的环境里，蚂蚁可活不了。

① 对蚂蚁饮水量的研究
使用自制喂水器观察蚂蚁的饮水量。

 蚂蚁饮水量记录表

蚂蚁（总数：20只）					
	第一天	第二天	第三天	第四天	…	我的发现
瓶盖内的水量变化					

1.能根据生活需求推测其生活环境。

2.能有目的地对具体事物进行观察。

通过制作实验装置开展实验活动。

● 找两个小瓶盖，在其中一个盖子上扎满小孔，并各放入一小块海绵，海绵的一端吸水，另一端露出瓶盖；将两根吸管各剪掉一小段，插入两个瓶盖中，方便用针管向内注水。最后把两个瓶盖扣着的地方用胶粘牢，防止漏水。

思考：

你还可以通过观察哪些现象，来研究蚂蚁饮水量的问题？

● 注：当蚂蚁身体僵直、大量集中在通气孔、活动极不活跃时，要马上停止实验。

通过实验，观察蚂蚁的活动随空气的减少发生了怎样的变化，分析、归纳结论。

② 蚂蚁对空气的需求

控制蚂蚁工坊的通气孔，让通气孔处于全开、半开或关闭状态，观察蚂蚁在箱体中的位置和活跃程度，每隔1小时观察一次并记录。

 不同空气含量下蚂蚁活跃度记录表

蚂 蚁（总数：20只）					
时间　　状态 内容	①蚂蚁的活跃度				②蚂蚁在工坊中的位置
	1小时	2小时	3小时	4小时	……
通气孔全开					
通气孔半开					
通气孔关闭					
我的发现：					

③ 观察蚂蚁的食物

为蚂蚁提供一些食物，观察它们喜欢吃什么，再用自己的方式进行记录。

阅读

蚂蚁的食物

目前人工饲养的蚂蚁可喂米糠、麦麸、豆类、糖蜜类、瓜果类等，也可用鸡饲料或自配饲料。每只蚂蚁的食量约为0.1毫克/天，饲料要新鲜、无霉变。喂蜜糖类饲料时，一定要稀释并投成星点状，量少而点多，以免淹死蚂蚁。

学以致用

1. 了解了蚂蚁生活所必需的环境和条件，请你选择生活中的材料，设计并制作一个蚂蚁工坊。

蚂蚁工坊有很多种，其中以蚁巢室和工作区组合的蚂蚁工坊为主流，这种工坊提供了优越的人工生态环境，生活区上层为人工喂食区，下层为多个半圆形的隔间仿生蚁巢室，工作区的容器里灌注了梦幻般的晶莹剔透胶体，它能给蚂蚁提供挖掘通道、玩乐等活动空间，凝胶中的水分也能维持蚂蚁所需的湿度。蚂蚁在工坊里就像在自然界一样，劳作、活动、觅食、哺喂、争执、休息，等等。

1. 了解动物生存最基本的条件是空气、水、食物等。

2. 通过对蚂蚁的饲养举一反三，尝试设计饲养其他动物的设备。

2. 通过对蚂蚁生活与饲养的探究学习，请从下列动物中选择一种，为它设计"饲养室"。

兔子

孔雀鱼

蟋蟀

饲养室设计图

2. 快乐的种植

小小的一颗种子，只要在适宜的环境下，它便有可能萌发成幼苗并继续生长，直至开花、结果。它们的一生会经历哪些阶段？生长过程中如何获取养分？带着问题去种植一些可爱的种子，也许你会成为栽种高手呢！

对应课标

8.2 植物的一生经历不同的发展阶段，其外部形态结构也会发生相应的变化。

（3—4 年级）植物会经历由种子萌发成幼苗，再到开花、结出果实和种子的过程。

11.2 生物繁殖后代的方式有多种。

（3—4 年级）描述有的植物通过产生足够的种子来繁殖后代，有的植物通过根、茎、叶等来繁殖后代。

12.1 描述植物维持生命需要空气、水、温度等。

所需材料

种植箱、植物种子（如黄豆、绿豆、矮番茄、五彩椒、蛋茄等）、小喷壶、黑塑料袋、棉毛巾、塑料杯等。

生活中的问题

"阳台小菜园"是在城市民居里兴起的事物。亲手种出来的蔬菜、水果，不仅绿色环保，还能让房间充满生机。最重要的是，我们可以从中了解植物的很多秘密。

番茄

1.知道种子具有繁殖作用，可以长成新植株。

2.掌握播种催芽的方法。

● 绿豆、番茄、五彩椒是用什么种出来的？它们会怎样生长呢？

我认为是用种子种出来的。

探索与研究

精心呵护幼苗，记录它的生长过程，直到结出果实。

不同生长条件下幼苗成长状况记录表

日期	幼苗的生长条件	幼苗的成长记录	我的思考与发现

1. 培养爱心和耐心。

2. 正确使用放大镜，用直尺测量。

3. 观察方法：（1）连续观察；（2）细节观察。

1. 从种子生长成植株，再到形成新的种子，都经历了哪些阶段？

植物长大后会先开花再结果。

1. 认识植物的生命周期。

2. 在观察的基础上，有序认识植物生长的各个阶段。

种子先要萌发成幼苗。

2. 在植物的生长过程中，我们应为它们提供哪些条件？这些条件很重要吗？

1. 知道植物在适宜的条件下才能健康成长。

2. 用求同归纳法形成结论。

有几天我忘了浇水，结果幼苗的叶子都蔫了。

我的番茄每天都有充足光照，结出的果实可好了。

我家的阳台上特别热，我的五彩椒差点被热死，赶紧通风才缓过来。

阅读

播种

播种前应先将种子用温水浸泡一段时间（不同种子对水温和浸泡时间的要求不同），再把种子种到花盆里。

一般情况下，在种植番茄、绿豆、蛋茄等时，需先向盆中加土，直至距离盆沿 2 厘米左右。接下来整平盆土表面，浇透水，在土表撒一层干的营养土，再将土表抹平。随后把种子均匀放入，然后均匀地撒一层营养土，以看不见种子为准，覆土厚度是种子大小的 1~2 倍。若在早春播种，应在盆口覆盖塑料薄膜，这样既能提高温度（适宜发芽的温度为 25 摄氏度），又可保证湿度。通常在播种后 7~15 天发芽。

学以致用

1. 挑选一批优良的种子，准备明年再次播种。

番茄

什么样的种子是优良种子？

2. 除了用种子繁殖外，植物还有其他繁殖方式吗？

种植胡萝卜

胡萝卜既能用种子繁殖，也可以用根繁殖。

马铃薯是用块茎来繁殖的，比用种子繁殖更具有优势。

1. 掌握筛选良种的方法。

2. 知道大多数植物用种子繁殖，有些植物则用根、茎、叶繁殖后代。

3. 为明年的阳台小菜园做个栽种计划。

阳台小菜园

在实践基础上改进小菜园。

3. 观察鼠妇

鼠妇 又名地虱、鼠姑、西瓜虫等，俗称潮虫，是生活中最常见的小动物之一。它喜欢什么样的生活环境呢？通过下面的学习，你会对鼠妇的习性有更全面的了解。

对应课标

9.1　动物通过不同的器官感知环境。（3—4 年级）举例说出动物通过皮肤、四肢、翼、鳍、鳃等接触和感知环境。

9.3　动物的行为能够适应环境的变化。（5—6 年级）举例说出动物在气候、食物、空气和水源等环境变化时的行为。

所需材料

土壤、喷壶、自制暗盒、手电、温度计、暖宝贴等。

生活中的问题

在哪里找到鼠妇呢？

通过观察，推测鼠妇的生活环境。

干燥的城市住宅楼

潮湿的农村平房

我猜鼠妇喜欢干燥的环境。

我觉得应该是阴暗潮湿的地方，那里既适宜保存食物，又适宜养鼠妇宝宝！

探索与研究

1. 设计实验，探究鼠妇更喜欢哪种生活环境，它是如何寻找喜欢的环境的。

不同湿度的土壤

实验器材

 鼠妇在不同环境中的数量记录表

鼠妇（总数：10 只）			
时长	湿泥中	湿润土壤中	干燥土壤中	我的发现
0 分钟				
5 分钟				
10 分钟				

2. 将长方体纸盒分成三个"房间"，彼此相通。左边的房间封闭为无光环境；中间房间有小窗口，为自然光环境；右边的房间为灯光照射环境。将 10 只鼠妇放入中间的房间，观察它们的行为并判断它们喜欢在哪个"房间"活动。

无光环境	自然光环境	灯光环境

 鼠妇在光亮和阴暗环境中活跃度的记录表

时长	无光环境	自然光环境	灯光环境	我的发现
0 分钟				
5 分钟				
10 分钟				
突然打开无光的盒子时鼠妇的行为：				

阅读

　　鼠妇是甲壳动物中适应陆地生活的类群之一，通常生活于潮湿、腐殖质丰富的地方，如潮湿的石块下、腐烂的木料下、树洞中、潮湿的草丛和苔藓丛中、庭院的水缸或花盆下甚至室内的阴湿处。鼠妇为杂食性动物，喜欢吃枯叶、枯草、绿色植物、菌孢子等。秋季为鼠妇的繁殖旺盛期。在 21 摄氏度的环境下，经过 26 天左右即可孵化成幼体。

　　1. 举一反三，自行设计实验记录单进行记录。

　　2. 知道鼠妇不耐高温。

思考：

　　你还可以观察什么来研究这个问题？

　　3. 暖宝贴可以为鼠妇制造高温环境。观察鼠妇的行为变化并用自己的方式进行记录。

学以致用

　　家里发现了大量"可怕"的鼠妇。请你根据鼠妇对环境的适应性，设计一个小装置来赶走它们，保护我们的家吧！记得把设计图画下来哦！

大量鼠妇

4. 植物的奥秘

在自然界中，植物多种多样，它们对地球的生态平衡起着至关重要的作用。只要你仔细观察就会发现，植物的外部形态千差万别，但它们的结构特征与生活环境却相互适应。

对应课标

8.1 （5—6年级）知道植物可以吸收阳光、空气和水分，并在绿色叶片中制造其生存所需的养分。

8.3 （3—4年级）举例说出不同环境中的植物其外部形态具有不同的特点，以及这些特点对维持植物生存的作用。

12.1 （5—6年级）举例说出常见的栖息地为生物提供光、空气、水、适宜的温度和食物等基本需要。

所需材料

植物卡片、放大镜、直尺。

生活中的问题

仙人掌　　　蟹爪莲　　　令箭荷花

1. 同一类植物具有相同的结构特征。但由于生活环境不同，其外部形态会有一定差异。

2. 运用对比观察法、细节观察法，找到植物外部形态特点。

北方蓖麻　　　南方蓖麻

蟹爪莲、令箭荷花与仙人掌同属仙人掌科，它们的形态结构具有相同特征。再看蓖麻：北方的蓖麻为草本，南方的蓖麻为灌木或小乔木。作为同一种植物，它们在形态及结构上却有明显差异。

在不同的生活环境中，植物的外形具有不同的特点，这对植物有什么作用？

可以帮助植物更好地生存。

可以帮助植物更好地适应环境。

1.对问题进行推测。

2.观察生活，提出有价值的问题。

探索与研究

观察一：观察下列三种植物叶片的外部形态特征。

第一组：喜阳植物

| 槐树 | 海棠 | 蒲公英 |

1.知道阴生阳生植物叶片的形态特点，以及它们在植物生存中的作用。

2.正确使用放大镜观察。学习测量植物。

3.会按照一定顺序进行对比观察、整体与局部的观察。

第二组：喜阴植物

| 玉簪 | 兰花 | 绿萝 |

不同植物叶片外部形态特征记录表

	大小	形状	厚度	是否有蜡质或绒毛	节间长短
第一组植物					
第二组植物					

这些特征对阴生和阳生植物的生长有什么作用？

阴生植物会不会很可怜？我想给它们装个大镜子，把光反射到它们身上。

对阴生植物来说，背阴的环境提供了适宜的生存条件，改变了会导致它们死亡的。

阴生植物的叶子一般都比较大，这样就能接收到更多的阳光，以便进行光合作用。

观察二：观察在不同环境中，植物的根的外部形态特征。

仙人掌的根

浮萍的根

松树的根

 不同植物的根的特征和作用

植物名称	有无明显主根	根系深入程度	根系是否固定	侧根延伸范围	根系吸水能力

● 根的形态差异对于维持植物生存有什么作用？

在对比观察的基础上，运用归纳推理的方法，总结如下结论：在不同的环境中，植物器官具有不同的特点。

1. 生活在不同环境的植物，它们扎根的深浅、根系的发达程度和吸水的能力均不同。

2. 运用对比观察法找不同。

1. 了解不同的环境能为不同植物提供生存的条件。

2. 运用联系法进行分析。

学以致用

1. 仔细观察下列三种植物，根据器官的特征，推测它们适合怎样的生活环境。

猴面包树　　　　　澳洲瓶子树　　　　　芦荟

2. 从花卉市场里买来的花，放在家中什么地方最适宜它们生长？

郁金香　　　　　　　　龟背竹

红掌　　　　　　　　　鹿角海棠

5. 多样的地形地貌

我国地形复杂、多样，各地气候环境有很大差异，因此，在我国各地区生长着种类丰富的植物。多样的地形地貌是怎样形成的？不同的地理位置生长着哪些植物？通过本课学习，能够帮助我们了解如何更好地保护和改善环境。

对应课标

14.3 陆地表面大部分覆盖着土壤，生存着生物。

14.2 地球表面有由各种水体组成的水圈。(5—6年级)举例说明水在地表流动的过程中，塑造着地表形态。

所需材料

动植物卡片、中国地形图、报纸、盆、土、水。

生活中的问题

请在各图下方的文字框中描述五种植物的生活环境，并在中国地形图上指一指哪里有这样的环境。

学会运用联系法分析地貌、环境与植物的相互关联。

在这个活动中你有什么想法?

在不同的环境中，植物的形态特点各不相同。

不同的环境与地形、地貌好像有关联。

探索与研究

用报纸泡成纸浆，试着做一个中国地貌的沙盘，也可以用沙水混合进行制作。不同地区会有哪些动、植物呢? 你可以把动植物卡片分别摆放在相应位置。

熊猫不能去沙漠，因为那里既没有合适的气候环境，也没有食物来源。

1. 动物需要植物，植物的生长又离不开土地，三者间相互联系。

2. 基于事实材料进行分析推理。

猴子应该在平原也能生活，但它们的习性可能会改变。

思考：

植物的生活习性与生长环境有着怎样的关系?

中国的地貌特征

1. 平原：海拔较低，一般在 200 米以下。地势平坦。
2. 高原：海拔较高，一般在 500 米以上。地势开阔，边缘有明显陡坡。
3. 山地：海拔较高，一般在 500 米以上。峰峦起伏，坡度陡峭。
4. 丘陵：海拔不高，地势起伏，坡度和缓。
5. 盆地：四周高、中间低的盆状地形。

中国的地势西高东低，地形复杂多样。华北平原、珠江三角洲平原等都是在地质作用下形成的。阅读下面的资料，想一想这些平原究竟是怎么形成的？

华北平原

华北平原是一个典型的冲积平原。塑造华北平原的主要河流是黄河、淮河和海河，故它又被称为"黄淮海平原"。这里地壳下陷，本应该是广阔的海域，但由于大量泥沙的沉积使地势升高，故形成了海拔 50~60 米的平原。华北平原的物质来源主要是黄土高原的黄土，故华北平原的土壤是黄土。

纵观世界各地，许多大河的中下游都有广阔的冲积平原。

利用下面的材料，模拟冲积平原的形成过程。

土堆

塑料盒

清水

1. 利用简易材料模拟不同地形的形成过程。

2. 推想水流冲击对地表形态的影响。

1. 要想让水流下来，要有一定的坡度才行。
2. 斜面的长度不能太短，水流量不能太小，这样才能携带泥沙进入中下游。

学以致用

1. 横断山区的山高谷深、黄土高原的千沟万壑是流水侵蚀作用的结果吗?

运用所学知识进行分析解释,加深认识,丰富知识面。

横断山区

黄土高原

模拟流水侵蚀的过程

2. 调查下列三种地形的形成原因,并与同伴分享。

调查记录表

6. "变化"的植物

地球自西向东围绕地轴自转，形成昼夜交替现象。地球上的生物借助太阳及其提供的能量生存。在昼夜交替的影响下，地球上的生物会有什么变化呢？

对应课标

13.1 地球每天自西向东围绕地轴自转，形成昼夜交替等有规律的自然现象。（1—2年级）描述太阳每天在天空中东升西落的位置变化；描述怎样利用太阳的位置辨认方向。

13.4 太阳系是人类已经探测到的宇宙中很小的一部分，地球是太阳系中的一颗行星。（1—2年级）知道太阳能够发光发热，描述太阳对动植物和人类生活有着重要影响。

所需材料

强、弱光手电（变挡手电）、灯泡（20瓦和60瓦灯泡各一个）、洋槐的枝叶、郁金香。

生活中的问题

太阳东升西落，在此过程中，我们身边的植物会有哪些变化？

睡莲　　蒲公英

酢浆草　　郁金香

1. 了解昼夜交替对植物生长有影响。

2. 能做出有依据的推测。

温度？

光线？

习性？

1. 植物需要光才能生长。

2. 在光照条件下，植物可以进行光合作用以制造养料。

我的想法：

1. 用联系法了解昼夜交替现象既对植物的生存有影响，又为它们提供了生存所必需的条件。

2. 举实例说明自己的想法。

探索与研究

1. 温度对植物的生长有影响吗？

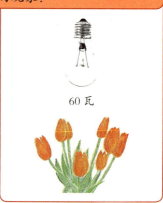

分别用 20 瓦和 60 瓦的灯泡照射郁金香，会有怎样的现象？

20 瓦

60 瓦

利用灯泡温度的不同，验证郁金香会受到温度的影响。

我的发现_____

2. 研究光照强度对植物生长的影响。

在避光处用强、弱光分别照射洋槐叶片，
会有怎样的现象？

强光　　　　　　　　　弱光

利用灯光挡位的不同
模拟光线的强弱，证明植
物会受到光线的影响。

我的发现：＿＿＿＿＿＿＿＿＿＿＿＿＿＿＿＿＿。

3. 用其他植物试一试，观察它们的变化。
我的实验设计：

我的发现：＿＿＿＿＿＿＿＿＿＿＿＿＿＿＿＿＿。

学以致用

1. 光照可以调节动、植物体内某种物质的多少，从
而使得动、植物有感夜运动或者是感温运动。你的身边
有丰富的植物，它们是喜欢光照时间长还是短呢？它们
所在的位置是否合理呢？先从调查家里或校园内的盆栽
植物开始吧！

菊花

1. 了解动植物的生长会受到昼夜（光线、温度）变化的影响。

2. 了解人类可以通过改变环境（光线、温度）使动植物的生长发生变化。

减少光照可使菊花提前开放。

我家窗台上的仙人掌为什么总长不直？

我的调查：

2. 昼夜交替中，植物还会有哪些变化？

我观察和实验中发现：

7. 房间变暖了

热是一种能量，这种能量在物体间是可以传递的，传递的方式是多种多样的。你都知道哪些热传递的形式呢？有的同学已经发现生活中有许多热传递的形式，让我们一起找找生活中的热传递的现象吧！

对应课标

6.3 热可以改变物质的状态，以不同方式传递，热是人们常用的一种能量表现形式。

6.3.3（5—6年级）说出生活中常见的热传递的现象，知道热通常从温度高的物体传向温度低的物体。

所需材料

玻璃杯、塑料杯、不锈钢杯、测温贴、暖宝、塑料盒、香。

生活中的问题

冬天，房间里是怎么变暖和的？为什么暖气在房间一侧的下方，却能让整个房间暖和呢？

暖气之所以是暖的，是因为它里面有热水。

空气是会流动的。

聚焦本课要研究的问题，引发学生的研究兴趣，让他们提出猜想。

探索与研究

1. 暖气里的热水怎样让暖气变热的？

分别在塑料杯、玻璃杯、金属杯里倒半杯热水，杯子会变热吗？没有接触到热水的地方也会变热吗？

● 倒热水时要注意安全哦！

1. 了解杯子变热是由于热传导造成的，以此来分析暖气变热的原因。

2. 学会使用测温贴。

在三个杯子里同时倒入同样多的开水，分别在 5 秒和 10 秒时观察测温贴上的数字变化。

2. 暖气是怎样让房间变暖的？

想想家里的暖气被安在什么位置？请在相应括号里画"√"。

| 把暖气安在房间墙面低处（　） | 把暖气安在房间墙面中央（　） | 把暖气安在房间墙面高处（　） |

（1）用塑料盒模拟房间，暖宝模拟暖气，香制造烟雾，探究安放暖气的最佳位置。

（2）用暖宝模拟暖气，借助香燃烧时烟的流动观察房间内空气的流向。

暖宝就像房间里的暖气，通过观察烟的流动，我们可以了解，暖宝在不同位置（上、中、下）时空气的流动情况。

把暖宝放在盒内的不同位置，烟的运动轨迹是不一样的。这说明了什么呢？

学以致用

1. 不锈钢汤碗和保温壶里常装着热汤或热水，但摸着却不烫手，这是为什么呢？

2. 塑料大棚为什么有保温作用？变压器的外壳为什么被涂成黑色？

1. 了解房间变暖是因为冷、热空气的流动。

2. 用暖宝等材料设计探究实验。

1. 分析日常生活中应用热传递原理的例子。

2. 引导学生分析热辐射在生活中的应用。

8. 会爬升的水柱

上水石是制作盆景的好材料，它可以吸水并散发水蒸气，有湿润环境的作用。上水石的天然孔洞很多，小的如气孔，可以互相穿连通气，石上还可以栽植藓苔、矮小植物等。上水石是如何吸水的呢？

对应课标

17.1 （5—6 年级）知道很多发明可以在自然界找到原型，能够说出工程师利用科学原理发明创造的实例。

17.2 技术包括人们利用和改造自然的方法、程序和产品。

所需材料

尺子、曲别针、红墨水、纸杯。

生活中的问题

活动： 用放大镜观察毛笔的笔头，推测红墨水是怎样爬上去的。

● 毛笔的笔尖蘸红墨水后，红墨水很快染红了整个笔头。

笔尖有缝隙，红墨水就从这儿爬上去了。

我看到毛笔的笔毛间很疏松，疏松的笔毛能吸上来更多的红墨水。

借助工具进行观察，基于观察进行猜想。

探索与研究

1. 水能沿两把尺子间缝隙爬升吗？

将两把贴紧的尺子浸入水中

1. 注重对过程和现象的观察。

2. 全面描述现象并解释。

无论是毛笔的毛还是两把尺子之间，都有不同程度的缝隙，水会沿着缝隙上升，这种现象被称为毛细现象。

2. 如何让水爬得更高？

会不会跟缝隙的大小有关呢？

利用两把直尺、曲别针、红墨水设计实验，证明自己的想法。

● 提示：考虑缝隙大小对实验结果的影响。

曲别针

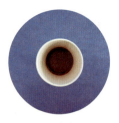
直尺

红墨水

按照设计的方案进行实验。

● 注意不要弄脏衣服。

实验效果图 1

实验效果图 2

1. 学会通过变量控制进行实验。

2. 运用构建的认知进行解释。

 缝隙大小对红墨水上升高度的影响记录表

物体间缝隙大小	红墨水上升的高度
缝隙较大	
缝隙较小	

我知道为什么毛笔的笔尖蘸完红墨水后，整个笔头都变红了。

阅读

生活中的毛细现象

在自然界和日常生活中，有许多毛细现象的例子，如砖块吸水、毛巾吸汗、粉笔吸墨水、医生用细玻璃管采集指血等，都是常见的毛细现象。此外，土壤中的细小颗粒间有很多缝隙，地下的水分会沿着这些缝隙上升，这也是毛细现象。

● 现在你知道上水石是如何吸水的了吗？

学习致用

设计一个自动浇花器，在我们长时间外出时，它能为植物适量浇水，保证其健康生长。

自动浇花器

1. 利用学到的知识解决实际问题。

2. 解决生活中的问题时要有创新性。

9. 水怎么不见了

炎热的夏天，洒在路面上的水一会儿就不见了；炽热的阳光下，刚洗的衣服一下午就干了。这是怎么回事呢？水是真的消失了吗？还是发生了什么变化？

对应课标

2.1 水在自然状态下有三种存在状态。（5—6年级）列举日常生活中水的蒸发和水蒸气凝结成水的实例；知道温度是影响水结冰和水沸腾过程的主要因素。

 所需材料

湿抹布、电子秤、湿度计、玻璃片、记录表。

生活中的问题

刚用湿抹布擦过的黑板，几分钟就变干了。水怎么不见了呢？

水可能到空气里去了。

如果水"消失"了呢？

探索与研究

1. 实验研究：玻璃片上水的重量变化。

● 黑板太大，可以找类似的东西代替一下！

预设：

电子秤测数据

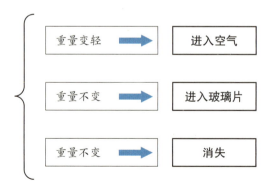

重量变轻	➡	进入空气
重量不变	➡	进入玻璃片
重量不变	➡	消失

 测量水的重量变化

1. 根据实验数据，分析蒸发过程中水的重量变化。

2. 利用数学知识分析实验结果，实现学科整合。

序号	称重时间	状态	重量（克）
1	初始时间		
2	1 分钟		
3	2 分钟		
4	3 分钟		
5	4 分钟		
6	5 分钟		
7	6 分钟		
8	7 分钟		
9	8 分钟		
10	9 分钟		
11	10 分钟		
12	11 分钟		
13	12 分钟		
14	13 分钟		
15	14 分钟		
16	15 分钟		

　　通过分析数据，我们会发现玻璃片上水的重量变化与时间的长短有关，说明水没有"藏"进玻璃片中。

2.思考讨论：若水消失了，也会产生这样的数据，那怎样可以证明水最终变成水蒸气飞散到了空气中呢？

水变成水蒸气飞散到空中，空气中的水蒸气多了，就会增加空气的湿度。

如果可以测量出蒸发前后空气湿度的变化，就能证明了。

将测得的数据标注在下图中，并绘制折线统计图。

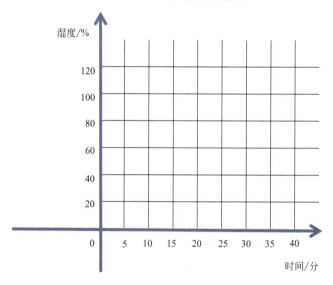

空气湿度增长折线图

1.学会用折线图表现同一事物在不同时间里的变化情况。

2.学会使用湿度计测量的技术手段验证实验猜想，建立水蒸发到空气中的认识。

随着时间的增加，空气的湿度发生了怎样的变化？分析空气湿度变化的趋势，你能得出什么结论？

水能变成水蒸气飞散到空中。

这个过程可能还在吸热。

学以致用

湖里的水时时刻刻在蒸发，为什么没有全变成水蒸气飞散到空气中去呢？

解决生活中的问题，让知识服务于生活。

需要的材料：

设计方案：

10. 流动的电

家中的厨房、浴室里都会用到电灯、排风扇，它们是如何连接到电路中的？满足什么条件才能工作？如何通过开关控制它们？让我们一起去寻找答案吧！

对应课标

6.4.1　电路是包括电源在内的闭合回路，电路的通断可以被控制。（3—4年级）说出电源、导线、用电器和开关是构成电路的必要元件，说明形成电路的条件；解释切断闭合回路是控制电路的一种方法。

所需材料

电池、小风扇（小马达）、小灯泡、导线、开关等。

生活中的问题

浴室里的排风扇、浴霸是如何连接到电路中的呢？

排风扇可能是靠两根导线接入电路的。

我想可能需要将它们的两个连接点接入电路才能工作。

探索与研究

1. 用导线将小风扇（小马达）的两个连接点与电池两极相连，使小风扇（小马达）转起来。

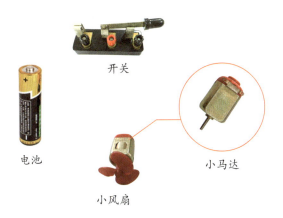

开关

电池

小风扇

小马达

2. 想让小风扇转起来，必须满足什么条件？

要找准小马达的连接点。

还要将小马达、电池、开关用导线连接起来。

1. 了解小马达在电池、开关、导线的连接下可以转动起来。

2. 建立"用电器要有两个连接点"的概念。

仔细观察下列两种连接方法，判断哪种可以让小马达转动起来。

能让小马达转动起来的电路是怎样的？

3. 为了让小灯泡亮起来，你准备怎样连接？

我认为要连接这两点。

我认为要连接这两点。

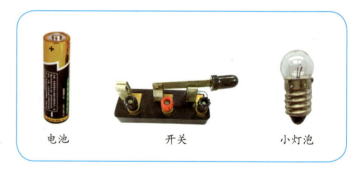

电池　　　　　　　开关　　　　　　　小灯泡

1. 知道电流要通过小灯泡，才能使后者亮起来。

2. 对比观察，发现闭合回路的特点。

用上述实验材料验证想法，你的小灯泡亮了吗？

必须找准小灯泡的连接点，它才有可能亮。

用导线连接小灯泡、电池、开关的连接点，形成一个闭合回路，小灯泡才会亮。

阅读

要想使小灯泡亮起来，需要将它的金属壳及最下部的连接点分别接入电路。

玻璃泡
灯丝
金属架
连接点
金属壳
绝缘环
连接点

在小灯泡的电路中，电流从电池正极出发后，都经过了哪些地方，又流回到哪里？

电流经过了导线、开关、小灯泡。

最后又流回电池。

通过描述与解释，强化对闭合回路的认识。

阅读

电路

电路是由电池、导线、开关、小灯泡（小马达）连接而成的，其中的小灯泡（小马达）还可以换成其他的用电器。所以，电路是由导线、电源和用电器组成的闭合回路，电流可以在闭合回路中自由通行。

学以致用

你能设计制作一个小手电或便携式小风扇吗？

11. 跷跷板的秘密

同学们都玩过跷跷板吧！在玩跷跷板时，两位同学分别坐在两边，一上一下，非常有意思。其实，跷跷板是杠杆的一种应用，学习与跷跷板有关的科学知识，就能帮助我们了解杠杆在生活中的更多应用。

对应课标

17.3　工具是一种物化的技术。（5—6年级）知道杠杆是常见的简单机械。使用杠杆等简单机械解决生活中的实际问题。

所需材料

夹子、尺子、橡皮、石块等。

生活中的问题

跷跷板非常好玩，但是，如果两人的身高、体重相差较多，该怎么办呢？你能设计一种跷跷板，让两个身高、体重相差悬殊的人也能玩得开心吗？

用夹子、尺子、橡皮做一个跷跷板，玩一玩，看会不会出现这样的问题。

探索与研究

1. 讨论：怎样让跷跷板较重的那端翘起来？

模拟跷跷板实验

聚焦研究问题，激发学生研究兴趣，引导他们提出猜想。

调整支撑点的位置。

在轻的一侧加重物。

还可以调整两个物体的位置。

2. 用直尺、不同大小的橡皮、夹子、石块制作跷跷板，证明自己的想法。

夹子

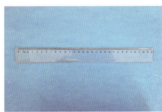
直尺

不同大小的橡皮

石块

利用对比实验进行探究，验证假设。

制作活动 1

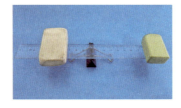

制作活动 2

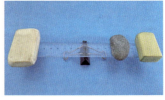

制作活动 3

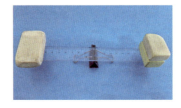

制作活动 4

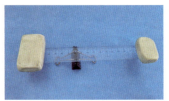

在其他条件不变的情况下，每次只改变一个条件，可以使跷跷板接近平衡吗？

不同条件下跷跷板的平衡状态记录表

	不变条件	改变条件	平衡状态

调整支撑点的位置、改变两端重物的位置或在轻的一侧加重物，可以使杠杆保持平衡。用图文结合的方式记录实验现象。

想办法让跷跷板保持平衡，大人和小孩就可以一起玩跷跷板了。

学以致用

1. 设计制作：

请根据以上研究，设计并制作跷跷板模型。想想可以怎样改进跷跷板，使它更适合大人和小孩一起玩！

2. 分析思考：下列工具与跷跷板有什么关系？

镊子

天平

剪子

钳子

通过分析比较，了解杠杆原理在生活中的应用。

3. 智慧大辩论：

"给我一个支点，我可以撬起地球。"这是古希腊物理学家阿基米德的一句名言。它跟跷跷板有什么关系吗？

第二部分

爱科学

love science

1. 饲养的动物
——动物牙医

对应课标

　　12.2　动物的生存依赖于植物，一些动物吃其他动物。

所需材料

　　陶泥制成的口腔模型、陶泥、彩泥制成的肉模型、蔬菜瓜果、雕刻刀、砂纸、胶枪。

森林里来了一位牙医，有牙齿方面困扰的居民请到中央广场来治疗。

动物王国

初步诊断

小兔，你的牙齿清洁一下就可以了。

兔子　　　　小马　　　　老虎　　　　猩猩

老虎、小马、猩猩需要换新牙。

修复治疗

老虎牙齿   马牙齿   猩猩牙齿

　　仔细观察上图，它们的哪颗牙齿需要治疗？这些位置的牙应该是什么样子的？我们可以用陶泥为它们制作假牙。

效果检验

　　你制作的牙齿合格吗？找一些叶子或用彩泥制成的肉，用假牙嚼一嚼。

思考

　　1. 各类动物的牙齿都有什么特点，能起到什么作用？

　　2. 在帮动物制作牙齿的时候，你都用到了哪些方法？需要注意什么？

我用到了雕刻、打磨……

制作牙齿时，要注意不同动物的牙齿大小。

2. 种植植物
——微格动画之植物生长

对应课标

8.2　植物的一生会经历不同的发展阶段，其外部形态结构也会发生相应的变化。

 所需材料

小树模型、树枝模型、超轻黏土、剪刀等。

那年春天，
妈妈和我在家门前种了一棵树苗，
一天天，一年年，
发新芽，长绿叶，
盼望着……
盼望着……

十年间，小树苗会不断长大，可这个过程是怎样的呢？

我们可以做个模型，模拟小树每年的生长变化。

我们还可以把这个过程画下来或拍下来，做成动画。

第一年

用树枝模型和超轻黏土为你的小树模型添上"新枝叶"。

小树的叶子是从哪长出来的？

我的小树苗长高变粗了，顶端还长了新的枝条！

成长中……

小树苗每年都会有新的变化，在小树模型上做出相应改变。

我的小树变成了大树，我把过程画了下来。

十年后

把记录小树苗"成长"的图片做成动画，回顾小树的成长。

看，我是这样做的。

我把这些照片存进电脑里，用软件做成了动画。

思考

1. 小树的新枝条是从哪儿长出来的？小树又是怎样变高、变粗的？

刻在树干上的圆圈，随着小树的成长，最终会变成什么样？

2. 你是用什么方法制作动画的？还有没有别的方法来表现小树十年间的变化？

3. 观察昆虫
——蚂蚁王国化装晚会

对应课标

7.2 地球上存在不同的动物，不同的动物具有许多不同的特征，同一种动物也存在个体差异。

所需材料

蚂蚁模型、蝴蝶翅膀模型、彩纸、纸绒布、毛根、毛线、棉花、彩色透明塑料薄膜、纸黏土、超轻黏土、牙签、铁丝、棉线、赤小豆、绿豆、小米、彩笔、剪刀、胶棒、双面胶等。

公 告

今晚，蚂蚁王国要隆重举行一场化装晚会，要求所有蚂蚁公民都要化妆成其他昆虫的样子。

届时，我们将选出最佳装扮奖得主一名，国王会亲自进行嘉奖。

蚂蚁王国

入门练习

选择材料制作蝴蝶翅膀，再将其粘在蚂蚁模型上，使这位蚂蚁公民化装成蝴蝶的样子。

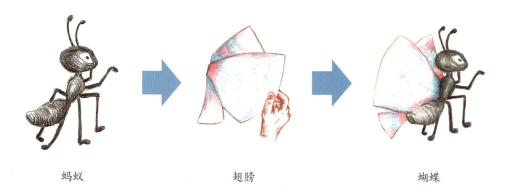

蚂蚁　　　　　　　　　　翅膀　　　　　　　　　　蝴蝶

思考：

如何给蚂蚁化装，才能更加逼真？

你需要把我的腹部变长些，还可以把我的牙藏起来，再让我叼根吸管。

舞动起来

继续动手动脑，将蚂蚁公民化装成蜜蜂、蝗虫、瓢虫等昆虫的样子。

蜜蜂　　　　　　　　　　蝗虫　　　　　　　　　　瓢虫

特别提醒，最佳装扮奖只有一个。要想获胜，不仅要装扮得像，还要独特哦。

晚会秀场

将装扮好的蚂蚁公民们请进晚会现场进行展示。

晚会开始啦！

公　告

请汇报你为蚂蚁公民们做了哪些装扮，把它们化装成什么样的昆虫。

蚂蚁王国

思考

1. 在为蚂蚁化装过程中，它身体的哪些部分发生变化了？没变的又是什么？
2. 在为蚂蚁化装过程中，用到了哪些方法？需要注意什么？

用到了裁剪、粘贴……

给蚂蚁装翅膀时要注意大小比例。

4. 观察植物
——带着植物去旅行

对应课标

8.3 植物能够适应其所在的环境。

所需材料

小棵植物或植物标本、模型；数码相机、夹子等。

植物千姿百态，生活的环境也大不相同。这是我在不同地方旅行时，为植物拍摄的照片。

这些植物好美！但它们只能在自己生长的地方生活，而不能像我们一样去旅行。

我们带着植物去旅行，为它们拍下难忘的旅行照片吧！

旅行拍照

带着植物标本（模型）寻找旅行目的地，为它们拍一张纪念照。

可以带它们在校园里的不同环境拍照。

还可以带它们到公园里拍照。

有条件的朋友可以带它们去更远的地方去旅行。

如果目的地太远去不了，可以用电脑搜索各种自然环境的图片作为旅行目的地，为植物拍照。

尝试为植物拍摄生长在旅行地的照片。

植物与环境是相适应的，你可以畅想一下：如果某个环境不适合这棵植物生长，它会为了生存演化成什么样？可以用一些材料为它做出改装，并进行创意拍照。

绿萝长出小吸盘攀援在树干上

照片展

把拍好的照片打印出来，举办一个摄影展。

将打印的照片用夹子夹住，挂在教室的墙上，让其他同学欣赏。

思考

1. 你带着植物去了哪些地方旅行？你为什么会选择这些地方？

我想带它去它根本不能生活的地方看看。

我想带它去更多它可以生活的地方，有可能会让它移居哦。

2. 在给植物拍照时，你为植物做了哪些改变？为什么？

为了让植物更适应新环境，我改变了茎的形态。

5. 地球地貌
——岩石大变身

对应课标

14.4　地球表面覆盖着岩石。

所需材料

云母石、鸡肝红矿石、黑胆石、天然水晶、蓝矿石、铁矿石等颜色鲜明矿石的散珠和碎片。戒指托、项链绳、钥匙链环、底座、透明凝胶、小刷子、剪刀、水彩颜料、画笔、彩色卡纸等。

矿石、岩石是手工制作中常用的原材料之一，它们易于获得，经济实惠，同时又很有质感，可以轻松做成精美的工艺品。请你发挥想象力，用一些漂亮或有形的矿石 DIY 一件工艺品吧！

创意无限

● 选择材料进行设计。

可以将它们串在一起，做成手串或项链。

可以用它们组成不同的造型，做成小摆件。

可以在上面绘制一幅漂亮的画。

大显身手

● 自己动手，制作岩石工艺品。

　　将做好的矿物岩石工艺品进行展示，并介绍你是怎么制作的，用到了什么材料。

思考

　　1.这些岩石都是地球重要的组成部分。它们有什么特点？存在于地球的哪里？

　　2.将这些岩石做成工艺品的过程中，应用了什么技术手段？

6. 昼夜交替
——奇妙生物园

对应课标

13.1 地球每天自西向东围绕地轴自转，形成昼夜交替等有规律的自然现象。

所需材料

60厘米×80厘米的可拼插板子；动物模型（蛐蛐、老虎、羊、猫头鹰）；植物模型（睡莲、牵牛花、昙花）；非生物模型（岩石、沙）。

自备材料

基于自己的设计自备。

生物园里的生物在白天和夜晚是有差异的！请在下图中画出两种物种白天和黑夜的状态。

我知道：

白天　　　　　　　　睡莲　　　　　　　　黑夜

白天　　　　　猫头鹰　　　　　黑夜

创意灵感

● 如何模拟出昼夜时生物的变化?

我要做一只"感光蛐蛐",在昏暗的环境下它就会叫。

那我就做一朵能感光的花,有光照时它就会开放。

不如我们把创意组合起来,设计一个昼夜生物园。

描绘你对昼夜生物园的创想:

创意实现

自由选择材料，让创意成为可能。

我想选择 Arduino 实现我的设想，让光感传感器连接主板，再连接蜂鸣器，就能让小蛐蛐在昏暗的环境里鸣叫了。

我选择 Scratch Box，它不仅能实现光控花开，还能通过编程控制速度、顺序、方向等。

Arduino

Scratch 界面

相关电子配件

其实可选择的电子材料还有很多，有的适合入门者，有的适合有一定基础的人。不过，只要你认真阅读说明书，很多材料就能轻松上手了。

创意链接

Boson 套件不需要编程，即插即用，可以和各种机械部件组合在一起。

乐高机器人 EV3，有好多传感器。

中鸣的组件还可以和 Scratch 软件搭配使用。

INPUT
输入模块

模拟环境光　模拟旋钮　　模拟声音　　数字按钮　　人体热释电
传感器　　　传感器　　　传感器　　　传感器　　　传感器

创意展示

用你的方法实现自己的创意。

花的开合、动物的运动又该如何实现呢？

你可以使用马达，辅以齿轮、皮带、曲柄等传动装置来实现哦。

还有很多工具能实现我们的创意啊！

创意设计与成果展示

思考

1. 生物园的设计中蕴含了哪些科学知识？

地球的规律性运动……

生物具有不同的生活习性……

2. 你使用了哪些新技术手段？对此你的评价是什么？

7. 热的传递
——拯救小冰块

对应课标

1.2　材料具有一定的性能。

所需材料

烤灯、铁桶、铜桶、铝桶、塑料桶、木桶、玻璃瓶、石棉板、棉花、木屑、沙子、TDD真空绝热保温板、天平、量筒、小冰块。

SOS

最近天气炎热，小冰块都快融化了，请大家帮帮它，别让它化掉。

方案设想与实现

1. 把小冰块放入冷水中？

2. 给小冰块制作一个电风扇？

3. 给小冰块制作一件衣服怎么样？

"衣服"制作方案参考：

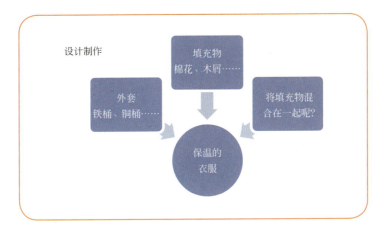

效果比拼

把穿好衣服的小冰块放在托盘里，置于烤灯下烤 10 分钟。

 "穿衣服"的冰块实验记录表

衣服的材料	剩余水量	剩余小冰块的质量

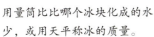

用量筒比比哪个冰块化成的水少，或用天平称冰的质量。

● 如采用其他方案，可自行设计观察记录方法，再进行效果比较。

思考

1. 比较哪件衣服更有效时，利用了什么方法？

使用了天平这种工具进行测量。

用量筒测量小冰块融化成了多少水。

比较测量结果，分析哪种衣服保温效果好。

2. 哪种设计能让小冰块更慢地融化？为什么？

不同材料制作的衣服，保温效果不一样。

厚衣服能让小冰块更慢地融化。

3. 前两种方案可行吗？为什么？

8. 毛细现象
——睡莲开花

对应课标

1.2 材料具有一定的性能。

所需材料

彩色卡纸、电光纸、皱纹纸、宣纸等纸张；剪刀、双面胶、水盆、小蜡烛、火柴。

见过美丽的睡莲花是怎样开放的吗？选择一张彩纸折一折、做一做，就会看到睡莲花开放的全过程了。

快来体验

叠一朵睡莲花

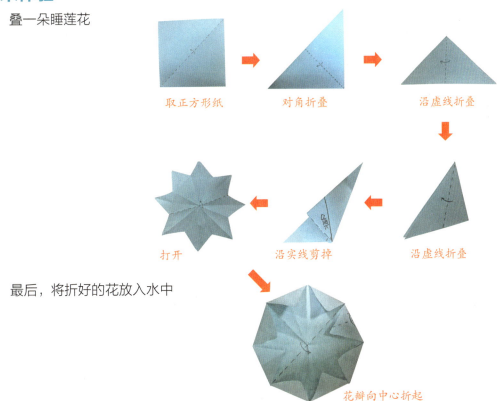

取正方形纸　　对角折叠　　沿虚线折叠

打开　　沿实线剪掉　　沿虚线折叠

最后，将折好的花放入水中

花瓣向中心折起

快乐大比拼

选择不同种类的纸制作睡莲花，比一比哪种纸效果好。

终极考验

纸做的睡莲花不仅有很好的装饰效果，而且还可以做成许愿灯。请你用不同的纸张，做一朵能承载蜡烛的"睡莲花许愿灯"。

用哪种纸做花的底部（承载蜡烛的部分）更好？

用哪种纸来做花瓣？

思考

1. 为什么有的睡莲开得快，有的开得慢？

2. 对于制作睡莲花灯，你有哪些经验和技巧？

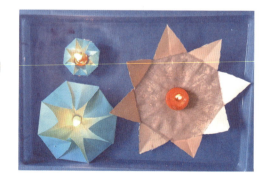

9. 水的三态
——探路取水

对应课标

2.1 水在自然状态下有三种存在的状态。

所需材料

探险包 A（塑料薄膜、塑料盒子 30 厘米 × 30 厘米、小杯子、5 个重物）；探险包 B（塑料袋、绷带）；探险包 C（暖宝宝、小盘或小水盆）；环境包 A（花泥、水）；环境包 B（纸花、纸叶、水）、环境包 C（冰块）等。

探险大本营出现了紧急情况，现在极度缺水，需要探险队员外出取水。

请从地图中标记的三个位置获取水。每个地方有对应的探险包，请探险队员记得带上。

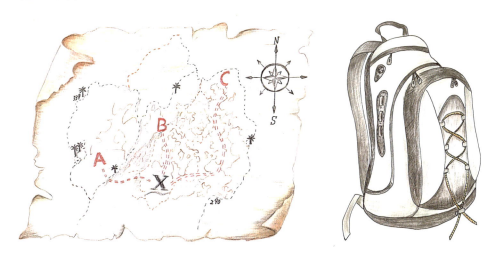

地点 A：沙漠地区

气候类型：热带沙漠气候。空气干燥，终年少雨或几乎无雨。日气温变化剧烈，日温差可达 50℃ 以上，地面最高温度可达 60～80℃。

沙漠

小提示：

调查沙漠甲虫取水的办法。

沙漠甲虫

地点 B：雨林地区

气候类型：热带雨林气候。空气湿润，相对湿度95% 以上。降水量较高，但水分蒸发也很快。白天温度一般在 30℃ 左右，夜间约 20℃。

雨林

小提示：

观察套着植物的塑料袋，会有什么现象发生？

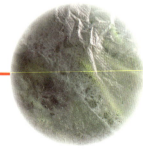

放在塑料袋里的植物的枝叶

地点 C: 冰原地区

气候类型：极地冰原气候。终年气候严寒，到处被厚厚的冰层覆盖，成为冰原地面。降水稀少且多凛冽风暴，植物难以生长。

小提示:

冰在什么情况下会变成水。

冰山

冰块

思考

1. 探险队员都从哪里获得了水？这些水是什么样的？

2. 为了得到这些水，你都用了哪些方法？

我用到了挖掘、扎绳等方法。

在雨林里取水时，注意要找一些叶子多的植物。

10. 简单电路 ——考验赛车手

对应课标

6.4.1　电路是包括电源在内的闭合回路，电路的通断可以被控制。

所需材料

剥皮导线、小灯泡、电池、钳子、PVC材质的底板等。

公　告

准备考取赛车手资格证的赛车手请注意，考官利用剥皮导线制作了多条赛道，用于考验大家的驾驶水平。赛道上的警报器每亮起一次，就说明赛车手发生了一次交通意外，将会被扣除一定的分数。

赛车手联盟

初级挑战

完成赛车手联盟布置的初级赛道。

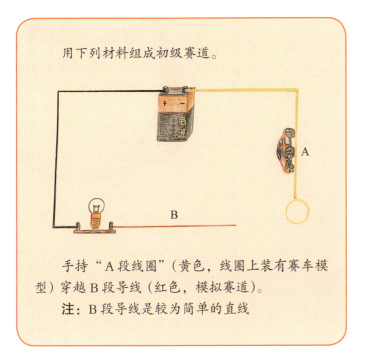

用下列材料组成初级赛道。

手持"A段线圈"（黄色，线圈上装有赛车模型）穿越B段导线（红色，模拟赛道）。

注：B段导线是较为简单的直线

高级挑战

完成赛车手联盟布置的高级赛道。

用下列材料组成高级赛道。

测试方法同上。

终极挑战

汇集之前的经验，设计最难的挑战，以考取赛车手资格证。

提示：

　1. 必须单手操控赛车

　2. 让赛道满足单手挑战条件

怎样设计制作呢？

思考

1. 在制作赛道过程中，哪些工具可以提供帮助？

2. 警示灯为什么会亮？

11. 工程项目
——飞入停机坪

对应课标

18.2 工程的关键是设计。

所需材料

飞机模型、1米×2米地毯5块、光荣榜5张、直径50厘米的铁环等。

任务公告

亲爱的特技飞行员们，请驾驶你们的飞机穿过铁环，准确停入各个停机坪！

α 航空公司

直线飞行表演

飞机

让飞机直、稳、远地飞行，是飞行员考核的基本内容。

飞行员

飞入停机坪

分别将 5 架飞机模型停入五个停机坪，荣登光荣榜。

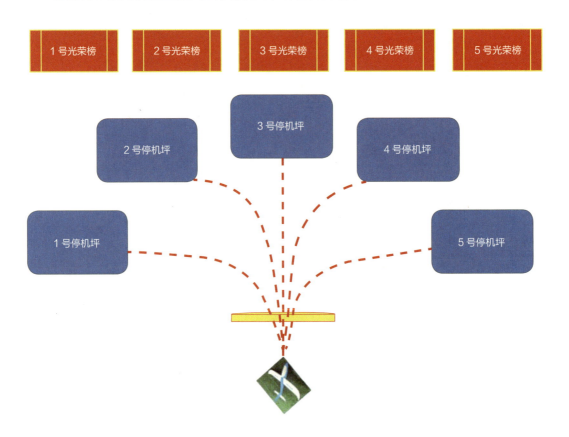

说明

1. 在中间放置黄、红色的铁环，直径 50 厘米；
2. 在铁环前方的 5 个位置，设有 5 个停机坪；
3. 5 架飞机依次穿过铁环后，分别停入不同停机坪；
4. 成功停入某停机坪的飞机，荣登相应编号的光荣榜。

3 号模型比 1 号更容易完成挑战……

把尾翼上的方向舵向左调，帮助飞机向左转向。

思考

为了完成挑战，在调整飞机模型过程中，你又发现了哪些技巧或方法？

第三部分

用科学
Use science

1. "生态星球"
——需求与联系篇

任务

　　科学家预言，未来人类将移居到其他星球上生活。虽然困难重重，但人类探索的脚步从未停止。人类不断探索太阳系的行星及围绕它们公转的卫星，甚至还有一些太阳系外的行星。为了便于探索其他星球，科学家们构建了生态星球模型，进行模拟研究。

　　希望同学们能像科学家一样，建造一个独立、封闭的小小生态星球。

讨论

　　如果想让人在这小小的生态星球里生存下去，我们应怎样构建它？把讨论的结果用你喜欢的方式记录下来。

思考 1

建造生态星球时会遇到哪些困难和问题?

问题 1:

问题 2:

问题 3:

调查人类已构建的生态模型。对将要建造小小生态星球的我们,会有哪些启发?

 生态模型调查表

调查结果	启发

 需要做的调查:

生态瓶:

把一些小动物、植物(提供氧气)放入一个玻璃瓶中,短时间内不加任何食物,瓶中的生物们皆能生存。

启发:

要合理分配动物、植物的数量,为它们创造宜居的环境,才能让它们和谐相处。

生态箱：

　　生态箱是一类模拟自然生态环境的动、植物饲养场所，通常是封闭或半封闭式的。在设计生态箱时，应设法让里面的动、植物保持一种半自供自给的生态平衡。

启发：

生物圈 1 号档案：

生物圈 2 号档案：

记录

结合调查结果，思考构建生态星球模型应考虑哪些因素。请把思考结果填写在下图中，可以根据需求增减。

思考 2

我们在科学课上学习过的内容，对设计和制作小小生态星球有哪些帮助？

在科学课上，我们学习过保温和散热的方法，我们可以为星球上的动植物创造一个具有适宜温度的环境。

在科学课上，我们通过对动植物知识的学习，让我们更好地了解了动植物的特点和生活习性。

制作生态星球中的地层时，可以参照地球上的生态环境，建造适合生态星球居民的地貌环境。

把讨论的结果记录在下图中。

已学与启发
科学课已学：
启发：

已学与启发
科学课已学：动物的生活，生物与环境
启发：选择动物时要考虑它所在的环境

植物

生态星球

动物

居住环境

......

已学与启发
科学课已学：
启发：

已学与启发
科学课已学：
启发：

回顾与展望

　　确定了建造小小生态星球的任务后，我们要在讨论和查阅文献资料的基础上，思考建造小小生态星球要考虑到的问题，并应用科学课已学知识对这些问题进行进一步思考。

　　接下来，我们就该把想法变成现实了。我们不仅要设计和制作这个生态星球，而且要进行长时间的观察和研究。在这一过程中，想必会有很多激动人心的发现。感兴趣的同学还可以进一步创造属于自己的作品呢！

2. "生态星球"
——设计与制作篇

 任务

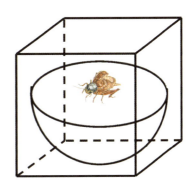

　　为蟋蟀设计一个富有生机的美丽生态星球。这是一个60厘米×60厘米×60厘米的正方体，它把里面的半球体与我们的环境"隔离"，我们要将这个半球体设计、建造成一个生态星球，让蟋蟀一家居住在上面。

 思考

设计该星球需要考虑哪些因素？

房屋　食物　水

 设计1

　　如何设计蟋蟀的生态星球？

 **讨论 1**

和同学们分享你的设计，可参考下面的内容进行讨论。

1. 星球的地貌设计及依据。

小提示：

可以模拟地球，设计地层，地下水系统，高山、河流等地貌。

2. 选择生物的物种、数量及选择依据。

我的蟋蟀一天吃两片豆苗叶子，我种了五棵豆苗，足够蟋蟀食用。

3. 星球的环境是否符合蟋蟀的习性？

土壤

细沙

石块

小提示：

了解一下蟋蟀的喜好，遵照其放置石块、细沙、土壤，方便蟋蟀挖洞造穴。我们也可以将薄瓦片放在细土上以形成自然洞穴。

经过讨论，我们应对蟋蟀的生态星球设计做出怎样的修改？

设计 2

依据现有材料进行设计

你的设计可行吗？请依据设计图，利用现有材料试一试。如果遇到不合理的地方，可以继续进行改进。

水晶花泥、陶粒、赤玉土、轻石、种植土、碎石子、页岩、细沙、水、薄瓦片、塑料碗、鹅卵石、岩石、石块、排水板。

讨论 2

1.制作地层结构时，怎样才能防止土壤和地下水混在一起？

解决方案：

小建议：

　　可以在最底层铺上鹅卵石，再在上面平铺碎瓦片，在碎瓦片上放土层，这样就可以防止土落入水中。

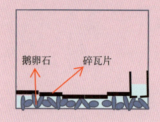

鹅卵石　　碎瓦片

2.怎样模拟自然界的水循环，实现水的循环流动？

小建议：

　　我想，我们可以用水泵抽取地下水来做灌溉；也可以造一个湖泊，在湖泊上空装个倾斜的铁片，让水蒸气遇冷以顺利形成降雨。

解决方案：

3.如何避免水污染？

解决方案：

小建议：

　　可以用水质检测器进行检测，出现问题人工解决。
　　方案一：用水泵往山上抽水，通过假山、地层过滤；
　　方案二：整体换水。箱子底部要有排水孔，打开上盖可以往里注水。

4. 怎样做到氧气的持续供给？

小建议：

继续上网查询相关知识。我们可以用二氧化碳检测仪进行监控，如果超标就要人工解决，如设计一个通风孔并打开进行调控。

解决方案：

5. 星球内的光源问题该如何解决呢？

解决方案：

小建议：

如果想模拟太阳的东升西落，可以人工控制多个简单电路。如果是一个并联电路，我们可以用单片机编程进行控制等。

你还想到了什么？就写在下面吧！

现在，你一定又发现了许多新问题，并有了改进方案。将你设计的蟋蟀生态星球展现出来吧！请在下方绘制设计图：

制作

经过一次次的修改，你的设计一定越来越好！请按照设计图为蟋蟀建造它的生态星球，并将初始版设计图和最终版设计图贴在一起。

初始版设计图

最终版设计图

3. "生态星球"
——观察与研究篇

 任务

这是一个完全封闭的生态星球！新居民在这里过得怎么样？欢迎每天都来关注这个生态星球的变化！

小提示：

为你制作好的生态星球拍张照片，贴在左侧的方框里。

 思考

看一看生态星球里都有什么？试着写出观察对象有哪些（如果表格不够，可以自行补充）。

 生态星球内的观察对象

1.	7.	13.	19.	25.	31.
2.	8.	14.	20.	26.	32.
3.	9.	15.	21.	27.	33.
4.	10.	16.	22.	28.	34.
5.	11.	17.	23.	29.	35.
6.	12.	18.	24.	30.	36.

原来生态星球里有这么多观察对象！接下来我们对它们进行分类整理，进一步了解它们。

用自己喜欢的方式进行一周的观察记录。

这一周，一定有不少激动人心的发现或是百思不得其解的疑惑，将它们梳理、记录在下面的清单中。

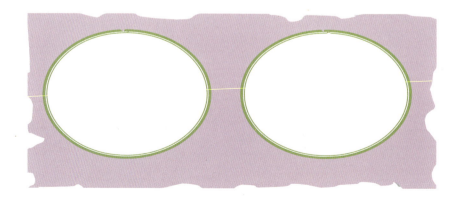

 讨论

对于设定的观察对象，应该如何进行具体的观察和记录呢？

我们应先查阅观察对象的信息，比如生活习性等。

观察内容应当能反映观察对象的生存状态，如温度、湿度等等。

我们还要坚持每天进行观察记录，可以选择不同的记录方式：画画、拍照、录像、测量，写观察日记等等。

 观察与记录

首先需要全面了解观察对象的信息，可以通过书本或互联网查阅相关信息。

你查到了什么？

提 示 栏

动物：食物、水、适宜的环境等。

植物：基本信息（草本／木本、科属、花期等）、适宜的环境（光照、湿度、温度、土壤等）、被什么动物取食等。

微生物：种类，生存环境等。

环境：正常情况下的氧气浓度、二氧化碳浓度等。

在进一步观察的过程中，我们需要获取更多的科学数据，这需要借助工具来完成，如温感器、水质检测工具、二氧化碳浓度检测工具等。

用尽可能多的方式获取生态星球的信息，并记录下来。

 蟋蟀在生态星球中生活一周，星球每日的情况记录表

第（　）天：

	活动时间及区域	植物长势	温度	湿度	水质（pH）	二氧化碳浓度
早晨						
中午						
夜晚						

自行设计表格，持续记录一周

蟋蟀星球笔记（图片记录区）

尝试用观察日记呈现一周的观察结果。

实验期间我们会通过拍照、写观察日记、测量等方式收集大量信息，可怎样才能使这些的信息变得有用呢？

1. 从信息中提取数据。

创建一张数据表，帮助我们有序地记录观察和测量结果。

2. 对数据进行统计。

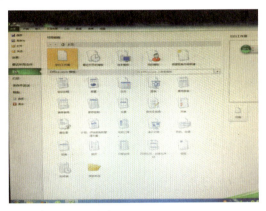

a. 新建一个工作表

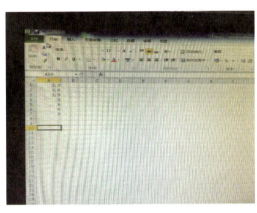

b. 输入数据

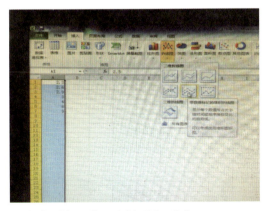

c. 点击"插入"，选择图标形式

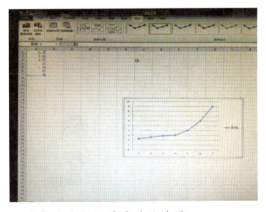

d. 生成反映数据关系的统计图

3. 通过统计图对数据进行分析，在下方记录你的发现。

我的发现：

思考

这些不同方面的数据间有什么关系？集中反映了什么问题？哪些具有研究价值，需要进一步研究？

我们根据观察到的数据找出可进行研究的问题，开展一项科学研究活动。不断地提问，再寻找并确定具体、可行的研究课题。

 你想研究的问题：

若是在生态星球中补光，对动植物会有影响吗？

有（　　）　　　　　　　　　　没有（　　）

我觉得利用补光灯不能促进植物的生长。因为我们的生态星球是透明的，靠自然光就可以了。

我觉得，想知道某个条件对咱们星球上的植物是否有影响，还要用实验数据说明。该条件对动物会不会也有影响？

 我的假设：

这个小世界里的居民能否幸福地生活下去呢？想回答这个问题，我们还需要更细致地观察。以植物为例，可以按下述方法制作观察记录。

	名称	植株高度	叶片颜色	叶片数量增加或减少	叶片破损或减少的原因	存活天数	记录时间
植物 1 号							
植物 2 号							

动物也需要关注，再来设计一张"动物居民"的记录表。

动物 1 号

动物 2 号

在此期间，星球上的其他环境有变化吗？大家也要好好设计记录方法。

实验1

灯光是否会影响我们星球上居民的生活？我们可以利用对比实验，先制造一个与我们的星球完全一样的星球，在其中一个星球上安装补光灯，另一个不安。随后，我们每天分时段测量星球上的温度、湿度及二氧化碳浓度，做为期一周的观测记录，同时观察植物的生长情况。

 记录

● 收集数据：记录星球上二氧化碳浓度的变化。

（自行添加温度、湿度及动植物生长的记录表）

 二氧化碳浓度变化情况记录表

日期	二氧化碳浓度		观察记录
	日间：	夜间：	
	日间：	夜间：	
	日间：	夜间：	
	日间：	夜间：	
	日间：	夜间：	
	日间：	夜间：	
	日间：	夜间：	

通过每天对记录的数据进行分析，我们可以得知生态星球中的氧气含量是否正常，二氧化碳浓度是否在上升，植物和动物的生存状况如何。从而更好地掌握生态星球的整体情况。

对于动、植物的观察，需要每天早上、中午、晚上各选取一个固定的时间；对于环境的观察，我们应每隔4个小时记录一次，每天记录6次。如果想得到更精确的数据，可以增加观察次数。

数据分析

利用折线图表现生态星球中二氧化碳浓度的变化趋势（自行添加其他项目的数据分析）

CO₂浓度

时间

 发现1

发现：预测与观测结果一致吗？

1. 星球上二氧化碳的浓度在昼夜间有差异……
2. 星球上二氧化碳的浓度变化趋势不同。
……

为什么会产生这种结果？

推论：

 星球上的动物会吃掉一部分植物，所以植物的数量会减少，星球上的氧气就会减少。

 虽然动物吃掉了一部分植物，但植物长得很快，而且星球是封闭的，所以二氧化碳的浓度不会有明显变化。

发现 2

推论：

如果二氧化碳的浓度偏离正常值，怎么办？

思考

植物的数量是否受到影响？

实验 2

1. 采取相应措施后继续观察。
2. 观察并记录一周，探寻规律。

 每日白天、黑夜二氧化碳浓度记录表

日期	二氧化碳浓度		观察记录
	日间：	夜间：	
	日间：	夜间：	
	日间：	夜间：	

问题解决了吗？如果还没有，那就去网络上或图书馆里查阅文献，也可以向专家咨询，相信问题一定可以解决的！

实验 3

新的调查与探索——按照前面的研究过程开展新的研究。

> 研究主题

> 研究设计

> 研究记录、分析

> 研究结论／发现

> 研究的创新应用

结论与建议

通过研究，对你的生态星球进一步建设有帮助吗？可以用研究报告的方式呈现。此外，你还有哪些想继续研究的问题？在研究过程中，你最喜欢的事是什么？

像科学家一样撰写研究报告

研究题目

摘要

关键词

一、研究目的

二、研究过程及方法

三、研究结果的分析

四、对研究问题的建议

五、本研究的创新特色

参考文献

致谢

（可参考全国科技创新大赛论文模板撰写）

4. "生态星球"
——创客篇

经历了前面的学习，我们就像真正的科学家一样，用科学的研究方法和思维方式经历了一次有趣的研究活动。

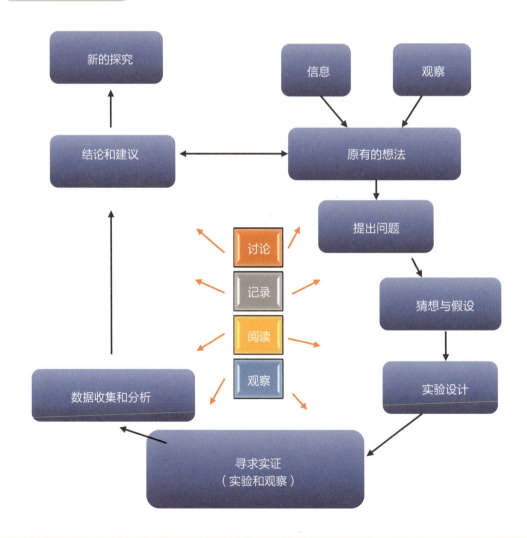

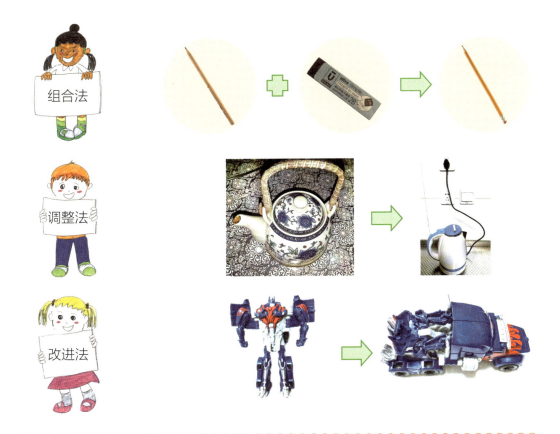

组合法

调整法

改进法

之前，在完成各种有关生态星球的研究时，相信你一定发现了：在自然界中，生物与环境间的关系非常复杂。模拟研究很难达到真实世界的可持续发展。对在研究活动中发现的问题，你一定还想进一步解决吧！

当生态箱里的温度出现异常时，怎样做到及时报警？

调查

生活中有哪些报警器？你知道它们是如何工作的吗？

贴图区

温度报警器是如何工作的？

设想：

从网上收集的相关信息：

思考

生态星球里的温度报警器应如何设计？

设计说明书

设计理念：

工作原理：

> 设计图

 准备工作

如果选择声音报警，请你选择使用现已准备好的材料。

- 电脑
  编程软件
- 单片机
  电池
- 连接线
  面包板

- 蜂鸣器

- 温度传感器

- 红色 LED 灯

动手做

第一步：需求分析

需求：生态箱内的温度超过一定范围时，做出闪光报警。

变量：温度。

条件：当温度 ≥ 35℃时，LED 灯亮。

第二步：编写输入程序

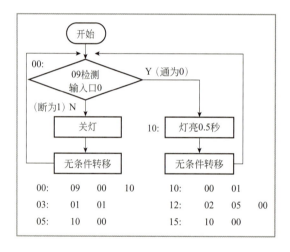

利用编程软件，在 DP901 单片机上，把需求转换成计算机语言（如左图所示）。

第三步：将程序输入单片机，得到成品

1. 如右图所示，将各电子元件对号入座插入面包板卡槽内。

2. 用数据线将"电脑"与"单片机"相连，将程序输入储存到单片机的"大脑"——主板控制器中。

3. 打开电源，单片机就可以工作了。

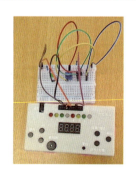

成果与建议

异想天开

你可以继续开展一项新的创新实践。想想看，你最想通过实践解决什么问题？

1. 在机场候机大厅里，大家的行李箱要能和机器人一样跟着主人跑来跑去该多好啊！人们就不会担心东西丢了。

2. ……

小小创客

第四部分

赛科学

Competition Science

1. 高举红旗

比赛背景

  海洋上的岛屿非常多，中国就拥有 6500 多个面积达 500 平方米以上的岛屿，因此，维护岛屿主权就是维护国家领土不受侵犯。接下来，请大家利用调节重心等方法，看谁能将红旗高挂在岛屿上。

所需材料

  岛屿画板、红旗贴纸、支架、金属丝、重物、热熔胶、不同形状的板材等。

比赛规则

  1. 将几组图形板摞在一起，尽可能往高摞，最高处为红旗。

  2. 可选用铁丝、螺母等材料，但不得将板材粘连和捆绑。

  3. 尽可能将红旗举得更高。5 分钟后比赛结束，统计各选手的高度。

  4. 红旗高度最高者为优秀。

科学与技术

知识： 物体的重心越低越稳固，重心可以被寻找和调节。

技术： 用钢丝连接配重用的螺母，可以将图形板的重心降低到支撑点的垂直下方，使物体立在支撑面上。合理的技术和巧妙的设计，会为你实现很多看似不可能的事情。

评价

记录： 红旗高度（　　）。

评价： 测量各选手红旗所处的高度并以此排名，选手依次得到 10、9、8、7、6、5、4、3、2、1 分，如果高度相同，记为同名次，但下一名次要如数后错。若没有高度，则记 0 分。

经验与想法

2. 海上清污

比赛背景

21世纪以来，人口数量增多和经济增长等因素，对环境造成了巨大的冲击。由于人类盲目开发、过度捕捞、排放废物，使得海洋污染日趋严重，海洋生态系统遭到破坏，因此，保护海洋、清理污染物的工程迫在眉睫。

我们的任务就是清理被污染的海洋。大家可利用现有材料，设计和制作清污工具，针对不同的海水污染物完成清理任务。

所需材料

鱼缸、鱼、船体模型、塑料瓶、气球、毡子、海绵、滤纸、棉布、鱼线、剪子、塑料框、皮筋、各种污染物（香油、蛋清、细木屑）等。

自备材料：成本在10元内的耗材。

比赛规则

1. 在规定时间里，利用已有材料制作清污船。
2. 用清污船对"海水"里的各种污染物进行清理。
3. 清洁过程中不能伤害或清理鱼类。
4. 每清理出一种污染物，即可得到相应分数，分数高者为优。

科学与技术

原理：不同物质在水中的溶解能力不同，在水中的沉浮状态也不同。

技术：1. 可利用物理方法（如分液法）分离香油等不溶于水的液态物质。

2. 可利用物理方法（如过滤法）将液体和不溶于液体的颗粒物分离。

3. 在大气压力的作用之下，我们可以用抽、吸等方式清理污染物。

评价

记录：

污染物				
清理方法				

评价：1. 工具制作工艺（1分）2. 不伤害到鱼类（1分）

3. 能够清理蛋清（2分）4. 能够清理油污（2分）

5. 能够清理纸屑（2分）6. 清理过程中体现分离作用（2分）

经验与想法

3. 海上娱乐

比赛背景

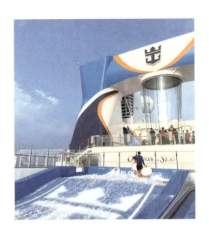

　　海军们在海上的生活是十分枯燥的，很多时候他们也会独创一些娱乐项目。今天，我们来体验一项有趣的海上竞技活动。

　　我们已经认识了一些生活中常见的力，如重力、浮力、摩擦力等，还学会了通过实验探索规律。在接下来的比赛中，你们需要运用相应的科学知识和探究方法，完成规定任务。

所需材料

　　大型滑梯、特制撞击车和配重、自制滑块 5 个、滑梯面板（颜色区域前一块滑梯面可拆卸进行处理）、细沙、蜡、油、胶带等。

比赛规则

　　1. 在五分钟的自由探索时间内，对撞击规律进行探索。

　　2. 将处理过的滑梯面板安装在滑梯指定位置，并放置 5 个滑块，如下图所示。

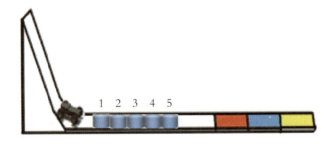

　　3. 撞击车配重后，从斜面滑下撞击滑块，使得第三个滑块进入颜色区域，根据区域不同计算得分。

　　4. 还可任意设定滑块进入指定色区，进行得分统计。

科学与技术

知识： 利用能量守恒定律、摩擦力等知识。

技术： 增加撞击车的质量，可改变撞出去的滑块数量；撞击车的起始高度决定撞击力量（势能转化为动能），但是撞击力只能改变滑块被撞出去的距离。而在滑道上涂抹肥皂、撒细沙等方法可以改变摩擦阻力，在一定程度上控制滑块的滑行距离。

评价

记录： 成功进入（　　）区域，获得（　　）分。

评分： 以第三个滑块停住时所在的区域计分，黄色区域为 10 分，蓝色区域为 5 分，红色区域为 3 分。

经验与想法

4. 海水加温

比赛背景

在有关海洋的技术中，海水养殖是很重要的领域，主要包括鱼类、虾蟹类、贝类和藻类的养殖。但是，不同物种的养殖对于温度的要求是不同的，所以需要用一些技术给海水加温或降温。

我们已经学习了热的传递方式，同时也了解了太阳能等技术的应用。今天我们的任务是制作加热棒，并利用太阳能给"海水养殖场"提高水温。

所需材料

电烤灯、小水瓶、水、温度传感器、塑料管、锡箔纸、铁棍（直径 4 毫米，长 20 厘米）、木板、橡胶膜、保鲜膜、棉花、黑色水笔、线等。

比赛规则

1. 利用上述材料设计并制作太阳能海水加热棒。
2. 在电烤灯的照射下，利用自制加热棒给海水加热 10 分钟。
3. 10 分钟后测量并记录海水的温度，温度上升最高者获胜。
4. 仅限用加热棒加热海水，不可用电烤灯直接照射海水。
5. 如下图所示，可以对加热棒及电烤灯的照射部分进行设计、制作。

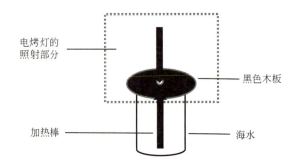

科学与技术

知识：黑色物体吸热，水的热对流，不同材质的物体导热能力不同，等等。

技术：利用锡箔纸反射太阳光、放大镜聚光等方法汇聚太阳光；用黑色木板防止辐射把热量传递给海水；可在加热棒下部套上吸管，在管中填充棉花，确保加热棒的热量能传到水底。

评价

记录：水的初始温度：（　　）

10 分钟后温度：（　　）

评价：用给定材料制作太阳能加热棒给海水加温，加热10 分钟后，海水温度上升最高者获胜。

经验与想法

5. 航母舰队

比赛背景

　　航空母舰是一种以舰载机为主要武器的大型水面舰艇，可供舰载机起飞和降落。但它不能独自形成战斗力，同时也需要舰队护航。作为世界上最庞大、最复杂、威力最强的武器之一，航空母舰是一个国家综合国力的象征。2017年4月26日上午9时，我国第一艘国产航母"辽宁号"在大连正式下水。

　　我们已经了解了浮力和液体表面张力等知识，今天我们要利用现有材料建造航母舰队。

所需材料

　　水槽、水、冰块、热水、软陶、指定航母甲板、铝丝10根（10厘米长）、搅拌棒、盐、糖、食用油、肥皂、纸巾、统一的"飞机"等。

比赛规则

　　1. 依据现有材料制作"航母"，并让它浮于水上。

　　2. 利用铝丝盘成舰体造型，利用水的表面张力浮于水上（可用现有材料对水进行处理）。

　　3. 听口令在甲板上依次放置飞机。

　　4. 以飞机数和舰艇数记成绩，成绩高者为优。

科学与技术

知识： 冷水的表面张力大于热水，在水中溶解某些物质会增加水的浮力，溶解有机物会破坏水的表面张力等。

技术： 根据阿基米德定律，只要增加船体排量，其所受浮力就会大大增加。所以，只要改变船体形状，就可以在相同用料下增加其载重能力。

评价

记录： 飞机数量（　　），护航舰数量（　　）。

评价： 飞机与护航舰总数量最多者为优；若数量相等，则以飞机数量优先。

经验与想法

6. 检修电路

比赛背景

海洋公园里有很多人们喜爱的大型游乐项目，它们都是由复杂的电路控制，一旦遇到线路故障，很可能会引发一系列的事故，那就需要及时进行线路检修。我们已学过了简单电路，并且了解了串、并联电路的连接方式与应用。我们这次的任务就是检测出海洋主题公园里游乐设施的线路故障并进行维修。

所需材料

1. 简易趣味游乐设施模型（即有趣的简单电路），内设统一的电路系统、故障及干扰线路。

2. 各种检测设备，如小灯泡、蜂鸣器、面包板、导线等。

比赛规则

1. 用配备的检测设备检查故障原因。

2. 对故障电路进行修理后，确保电路中的用电器能恢复正常工作。

3. 完成电路检测并修理成功，用时越短，得分越高。

科学与技术

知识：1. 简单电路在电池有电，用电器正常、电池与用电器功率匹配的情况下，才是一个完整的回路。

2. 当电路出现故障时，用分段检测法可使问题简单化。

技术：1. 检查法：检查电路中的连接是否完好。

2. 替换法：用另一套设备（灯泡、电池、导线）替换电路中的材料。

3. 用电路检测器检测电路中的故障。

评价

　　记录：检测出电路中共有（　　）处故障，分别是 _____。维修用了（　　）分钟。娱乐设施（是 / 否）正常工作。

　　评价：用检测设备检查出所有故障，完成修理，使娱乐设施可正常工作。用时越少，成绩越高。

经验与想法

7. 水下扎取

比赛背景

　　海底捕捞作业是一项技术含量很高的工作，涉及养殖、开采、打捞等领域。当光从水中进入空气（或从空气进入水中）时，方向会发生偏折，这会给在海面进行海底捕捞任务的工作人员带来怎样的难度呢？

所需材料

海水池、盐 3 袋、自制捕捞架、扎捕签、海底靶盘。

比赛规则

1. 海底有一靶盘，以靶盘中心为目标进行模拟扎取工作。
2. 在不同水深、含盐量不同的海水中，分 3 次进行扎取作业。
3. 扎取签越接近靶心成绩越高。

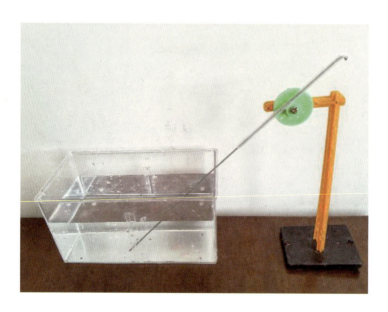

科学与技术

知识：1. 水能溶解一些物质。

2. 物体将光反射入我们的眼睛后，我们便能看到它。

3. 光从水中倾斜射入空气，一般会发生偏折。

技术：1. 用瞄准器瞄准与扎射。

2. 根据水的多少探索光偏折的规律与角度，进行扎射。

评价

记录：三次扎取工作的得分为（　　）（　　）（　　）。

评价：三次成绩总和越高越好。

经验与想法

8. 保护冰川

比赛背景

全球变暖是当前国际热点问题之一。由于人类的生活、生产等行为，使二氧化碳等温室气体排放超量，导致全球气候变暖，冰川融化、海平面上升，生态平衡遭到破坏，严重威胁生命。因此，保护环境已迫在眉睫。在这里，我们发起一项小小的行动——保护冰川。

所需材料

一袋冰块、棉花、木屑、锡箔纸、软陶、细铁丝、塑料泡沫、小刀、黑色和白色毛巾各一条、烤灯等。

比赛规则

1. 用现有材料制作保护冰的材料，为冰川"穿衣服"。
2. 将装备好的冰放在烤灯下加热 30 分钟，冰融化最少者为优。

科学与技术

知识： 不同物体的导热能力不同。热传递共有三种方式。
技术： 保温和散热技术。

评价

记录： 30 分钟后将冰袋打开，将水导出后测量水的多少。

我的记录：（　　）毫升

评价： 水越少越好。

经验与想法